Joséphine Bakhita

De l'esclavage à la sainteté

Sources

BAKHITA Giuseppina (santa), *Il diario*, Milano, San Paolo, 2010.

ROULLET Hervé, *Bakhita, l'esclave devenue sainte*, Paris, Éd. Emmanuel, 2015.

ZANINI Roberto Italo, *Bakhita, il cuore ci martellava nel petto*, Milano, San Paolo, 2004.

ZANOLINI Ida, *Storia Meravigliosa, santa Giuseppina Bakhita*, Éd. du Signe, 2000.

Nihil obstat,
Paris, le 26 mars 2019
F. de CHAIGNON Cens. dep.

Imprimatur,
Paris, le 26 mars 2019
Mgr P. CHAUVET, Vic. ép.

Conception couverture : © Christophe Roger
Composition : Soft Office (38)

89, bd Auguste-Blanqui – 75013 Paris

ISBN : 978-2-37474-014-0
Dépôt légal : 1er trimestre 2019

Hervé Roullet

PAROLES DE VIE

Joséphine Bakhita

De l'esclavage à la sainteté

Bakhita, la Soudanaise

Terre natale

Le Soudan est un pays bien plus grand que la France ; même après la partition du Sud Soudan en 2011, il reste le troisième pays d'Afrique par son étendue.

La végétation soudanaise est très variée. La vallée du Nil dessine un chemin vert où se concentre la population composée d'Arabes et d'Africains noirs.

La faune du Soudan est digne de l'arche de Noé, avec toutes sortes d'animaux qu'on ne voit que dans les zoos en Europe.

En vivant au contact des beautés de la nature, Bakhita perçoit sa petitesse devant la création. Étant enfant, elle contemple le ciel nocturne. Dans son pays, la nuit n'est jamais silencieuse ; elle est peuplée de toutes sortes d'appels et de cris. La meilleure protection de l'entrée des cases, ce sont les épineux qui empêchent l'intrusion des bêtes sauvages.

Le Soudan est présent dans la Bible

Dès le IXe siècle av. J.-C., des rois et des reines ont été inhumés dans la nécropole d'El-Kourrou et, au VIIe siècle av. J.-C., le règne du valeureux Taharqa, souverain cité dans la Bible, fut très prospère.

La Nubie ou Koush (au nord-est du Soudan) a été chrétienne dans le passé. Du reste, le livre des Actes des apôtres nous apprend que le premier chrétien non juif est un fonctionnaire noir du Haut-Nil. Le livre évoque aussi la Candace, reine chez les Koushites.

Faras (ou Pachoras) est un célèbre site archéologique de Nubie, qui est aujourd'hui submergé par le lac Nasser. On ignorait presque tout de la présence chrétienne dans cette région, jusqu'à ce qu'on découvre une cathédrale. Les fouilles montrent que sa construction commence en 620, à l'époque de l'évêque Aetios. Explorée de 1961 à 1964 par une équipe polonaise, elle possède de magnifiques fresques, qui se trouvent désormais aux musées de Varsovie et de Khartoum.

Les conquêtes musulmanes

Juste à l'époque où se construit la cathédrale de Faras, c'est le début de la conquête du nord de l'Afrique par les musulmans. Ils s'emparent de l'Égypte, puis grignotent la Nubie.

En 1276, une armée égyptienne envahit la Nubie du nord. Désormais vassaux du sultan, les rois de Nubie ont perdu toute autorité, et les chrétiens, s'ils ne peuvent s'enfuir, deviennent musulmans ou sont assimilés à des *dhimmis*[1].

En 1317, Dongola, la capitale de la Nubie chrétienne, tombe aux mains des musulmans. Les Égyptiens entament alors l'arabisation et l'islamisation de ces régions, de sorte qu'il ne reste de l'époque chrétienne que des ruines d'églises, de monastères, et des cimetières.

Mais en fait, le christianisme n'est pas vraiment mort.

Un faux prophète

Au XIXe siècle, un soi-disant envoyé de Dieu, ou *Mahdi*, pille et détruit les rares missions catholiques,

1. Les dhimmis sont des non-musulmans vivant dans un État musulman dans le cadre d'un statut discriminatoire.

impose la loi islamique et place les missionnaires et les sœurs capturés devant un choix binaire : « l'islam ou la mort ». Beaucoup meurent de misère et de maladie au cours de leur captivité.

La « guerre sainte » du *Mahdi* n'a qu'un but : la conquête définitive du Soudan. L'Église timidement renaissante est en ruine. Les habitants sont exposés jour et nuit aux négriers investissant les villages, enlevant les habitants, pour les vendre comme esclaves.

Cependant, l'action mahdiste s'achève le 2 septembre 1898, lorsque Lord Kitchener écrase les forces mahdistes à Omdurman, près de Khartoum.

L'Évangile reprend sa route

À cette époque, les esclaves africains libérés, puis éduqués en Europe, sont pressentis pour continuer l'évangélisation de l'Afrique. On édifie, par exemple, la cathédrale de Khartoum, des églises et des écoles, car il est d'usage de construire une école à côté du lieu de culte.

Nombreux sont alors les semeurs d'évangile de diverses congrégations qui, dans les années 1848-1872, vont défricher le terrain et préparer les œuvres d'envergure ultérieures.

L'enfance de Bakhita

Olgossa, un village du Darfour

Bakhita est originaire d'Olgossa, 45 km à l'ouest de Nyala, capitale du Darfour du Sud. Il est impossible de trouver son village dans un atlas, mais l'on sait qu'Olgossa (*Al-Qoz*) se trouve à égale distance entre la Mer Rouge et l'océan Atlantique, au pied du mont Agilerei, qui culmine à 785 m, face au djebel Marra, cône volcanique éteint et isolé qui dépasse un peu les 3000 m.

La famille de Bakhita est aisée. Son père, qui est le frère du chef du village, possède des terres et du bétail.

Bakhita a toujours témoigné d'une tendresse particulière pour les membres de sa famille, et elle évoque souvent sa petite hutte, toute simple, mais pleine de vie et d'amour.

Sa religion et ses coutumes

La religion de son ethnie (les *Daju*) est l'animisme, qui attribue une présence mystérieuse et puissante aux forces de la nature, qu'elles soient effrayantes, comme la foudre ou le tonnerre, ou bienfaisantes, comme la pluie.

Bakhita dit « n'avoir jamais adoré d'idoles ». Plus tard, quand elle aura rejoint l'Italie, elle nommera souvent Dieu le *Paron*. Dans le dialecte vénitien, c'est le patron, le propriétaire, le chef. « *Paron* est bon ! », aime-t-elle à répéter.

Sur le plan des mœurs et des coutumes de son ethnie, deux aspects ressortent : le lien entre les vivants et les morts, et l'accoutumance à la souffrance, pour les garçons comme pour les filles : circoncision, excision, tatouages…

Avec le temps, certaines de ces coutumes ont disparu, notamment chez les ethnies christianisées ou dans les zones urbaines. Cependant, les rites de passage sont difficilement contournables, car ils servent de prétexte pour des rassemblements familiaux très festifs.

Une petite fille vive et gaie

Bakhita, née en 1869, a trois frères et trois sœurs. Quatre autres sont morts avant sa naissance, ce qui montre le taux élevé de mortalité infantile.

Elle est vive, serviable et gaie. Sa mère, pour laquelle elle a une affection particulière, disait d'elle en riant : « Cette enfant ne reste jamais en place. »

Son travail consiste surtout à mener les troupeaux au fleuve, à piler le sorgho et à travailler aux champs.

Il est possible de brosser son portrait : elle est très agile, notamment pour grimper aux arbres ou danser. Elle a un visage harmonieux, des pommettes un peu saillantes et des cheveux noirs et crépus, mais on remarque surtout la clarté de son regard et son sourire bienveillant.

Le rapt de sa sœur

En 1874, alors qu'elle n'a que 5 ans, sa mère décide d'aller aux champs. Elle demande à ses enfants de la suivre, hormis l'aînée, qui, étant indisposée, reste à la maison avec la plus jeune.

À un moment, tous entendent un grand vacarme. Des négriers ont envahi le village. Rendus en hâte sur place, ils trouvent la plus petite toute tremblante. Elle leur raconte que les pillards ont enlevé sa sœur aînée. Elle a juste eu le temps de se cacher derrière une case, pour ne pas subir le même sort.

Le village est méconnaissable. Bakhita se souvient des pleurs déchirants de sa maman et des larmes de toute la famille. Rentrant du travail le soir, le père apprend la nouvelle. Il part à la poursuite des ravisseurs, mais les recherches restent vaines.

Bakhita dira un jour : « Ce fut mon premier chagrin, mais combien d'autres m'attendaient plus tard ! »

Enlevée à son tour

En 1878, Bakhita a environ 9 ans, lorsqu'un matin, elle se rend aux champs avec une fille d'une douzaine d'années. Soudain, elles aperçoivent deux étrangers armés. Comme elles ont peur, ils tentent de les rassurer, et s'approchant, l'un d'eux dit à l'aînée : « Laisse cette petite aller là-bas, près du bois, me chercher un paquet que j'ai oublié. Toi, continue ton chemin. Elle va te rejoindre bientôt. »

Bakhita, habituée à obéir sans délai, s'empresse d'aller voir et, bien entendu, ne trouve pas le paquet. Elle s'enfonce un peu dans le bois pour chercher l'objet, et elle voit alors les deux étrangers à ses trousses. Elle veut crier, mais elle s'entend dire : « Si tu cries, tu es morte ! Vite, suis-nous ! »

Il tire un couteau de sa ceinture, tandis que l'autre la prend par le bras et la pousse plus avant dans la forêt. Elle est alors forcée de marcher jusqu'au soir.

Les ravisseurs lui demandent son nom, mais, sous le choc, elle l'a oublié… C'est donc à ce moment qu'elle va recevoir le prénom désormais connu dans le monde entier : Bakhita.

Au lever du jour, ils arrivent dans leur village. Bakhita est exténuée. Ses jambes ne la soutiennent plus et ses pieds sont en sang.

Enfermée dans une cabane

On l'enferme dans une sorte de remise, n'ayant que la terre nue pour s'installer. Son geôlier lui donne un quignon de pain noir, puis il ferme la porte à clef.

Elle va rester là pendant plus d'un mois avec, pour toute aération, un petit trou en haut de la cabane. De temps à autre, la porte s'ouvre pour lui donner un peu de nourriture.

Il lui sera difficile d'exprimer cette souffrance avec des mots quand elle en parlera ultérieurement.

Je ne peux pas décrire combien j'ai souffert en cet endroit.

Je me souviens encore de ces heures d'angoisse.

Engourdie et fatiguée à force de pleurer,

je tombais épuisée par terre.

Mon imagination me transportait loin, loin, chez les miens.

Je voyais mes parents bien-aimés, mes frères et mes sœurs.

Je les embrassais tous avec transport et tendresse.

Je leur racontais comment on m'avait enlevée

et combien j'avais souffert.

D'autres fois, je me voyais jouer avec mes amies

dans nos champs.

Je me sentais heureuse.

Mais hélas ! Quand je revenais à la cruelle réalité

de l'horrible solitude, je me sentais si accablée

que mon cœur semblait se briser.

Vendue plusieurs fois

Destination Taweisha

Un matin, la porte s'ouvre plus tôt que d'habitude et son ravisseur la présente à un marchand d'esclaves arabe qui l'achète. Elle rejoint d'autres esclaves, et ils se mettent en route. Ils vont marcher huit jours de suite. En passant par les villages, la caravane grossit de plus en plus. Elle a pour destination Taweisha, centre de regroupement d'esclaves.

Ils sont disposés ainsi : d'abord les hommes, puis les femmes, en rang de deux ou trois, liés l'un à l'autre par une grosse chaîne autour du cou, fermée par un cadenas. Les plus petites, dont Bakhita, ferment la marche en compagnie des maîtres.

Finalement, ils arrivent au marché des esclaves et sont introduits dans une pièce. Bakhita attend son tour avec sa compagne d'infortune du nom de Binah.

Le maître et son acolyte vendent d'abord les faibles ou maladifs, pour ne pas risquer qu'ils deviennent sans valeur.

L'évasion

Un jour, de retour du marché, le gardien ramène sa mule chargée d'épis de maïs, puis il ordonne aux esclaves de les nettoyer… mais il oublie de fermer la porte. Les voici seules, sans chaîne, puisqu'elles doivent faire leur travail. Elles échangent un regard complice, et se sauvent à toutes jambes.

Les deux jeunes filles marchent toute la nuit, ne s'arrêtant que pour souffler un instant ou écouter les bruits. Elles distinguent le rugissement des fauves et grimpent aux arbres pour se cacher. À peine descendues de leur refuge, elles reprennent leur course.

Vers l'aube, elles s'arrêtent encore pour reprendre haleine. Elles sont exténuées et la faim les tenaille. Où aller sans être trahies ?

Au coucher du soleil, elles aperçoivent la forme d'une hutte et croient un temps qu'elle appartient à leur village, mais ce n'est pas le leur.

Liées ensemble au pied d'un arbre

Soudain, elles aperçoivent un homme. Elles s'enfuient, mais celui-ci leur barre le chemin et, comprenant vite que ce sont des fugitives, il les oblige à le suivre vers une hutte où elles s'effondrent de fatigue, puis s'endorment. Une heure après, il les réveille, leur donne à boire et à manger et les amène dans une pâture. Puis il les lie ensemble au pied d'un arbre avec une grande chaîne.

Elles restent là plusieurs jours, jusqu'à ce qu'un marchand d'esclaves de passage les achète. Le voyage reprend et va durer deux semaines et demie.

El Obeid

La caravane arrive enfin à El Obeid, capitale de l'aride plateau du Kordofan où, dans les jours précédant l'ouverture du marché, il y a beaucoup d'animation. Les biens de toutes sortes s'accumulent en vue des transactions.

C'est alors que le maître arrive, accompagné par le chef de la caravane et, de son regard d'expert, il toise ces malheureux. Il évalue leur état physique et les divise en trois catégories : les forts et sains, les blessés ou affaiblis, et ceux jugés irrécupérables.

Même au fond du découragement
et de la tristesse, quand j'étais esclave,
je n'ai jamais désespéré,
parce que je sentais en moi
une force mystérieuse qui me soutenait.
Je n'en suis pas morte,
parce que le Bon Dieu m'avait destinée
à des « choses meilleures ».

Bakhita et Binah, qui font partie de la première catégorie, sont conduites chez le chef des Arabes. C'est un homme riche, ayant déjà de nombreux esclaves. Elles sont achetées et mises au service de ses deux filles. L'intention du maître est de les offrir à son fils, lorsqu'il se mariera.

La cruelle réalité

Dans cette maison, Bakhita n'est d'abord pas trop mal traitée, mais elle est vite rattrapée par la cruelle réalité : un jour, le jeune maître est en train de lire dans une pièce adjacente à celle de ses sœurs, et il ordonne à Bakhita de porter un vase d'un certain prix. Elle obéit sur-le-champ, mais le vase lui échappe des mains et se brise.

Le jeune maître furieux se lève. Bakhita s'enfuit dans l'autre pièce cherchant un abri derrière les sœurs du maître ; mais il la jette à terre et la fouette avec sa cravache et la roue de coups. Bakhita s'effondre au pied des sœurs qui, indifférentes à la scène, continuent à bavarder entre elles…

Bakhita reste près d'un mois sans pouvoir bouger et se remet difficilement.

La condition d'esclave

Un général turc

Trois mois plus tard, en 1879, alors qu'elle a dix ans, elle est revendue à un général de l'armée turque. Il vit avec sa vieille mère et sa femme.

Bakhita et une autre fille doivent les habiller, les parfumer ou les ventiler sans répit. Aucun écart n'est permis dans leur comportement. Les coups de fouet pleuvent sans pitié, au point que Bakhita avoue ne pas avoir passé un seul jour sans plaies durant les trois années passées chez ce maître.

Un jour, Bakhita a l'imprudence de raconter à sa compagne les circonstances de sa fugue de chez son premier maître. La fille du général a entendu. Craignant peut-être qu'elle tente de s'enfuir, on lui met une lourde chaîne aux pieds qu'elle devra porter plus d'un mois.

Les esclaves restent à jeun jusqu'à midi, avant de recevoir leur maigre pitance. Dans la soirée, ils prennent un dîner frugal, avant de se reposer en silence sur la terre nue, dans une pièce commune.

Ils doivent se lever tous les jours à l'aube, et la femme du général prend soin de vérifier si l'un d'eux ne serait pas enclin à la paresse… Pour quelques instants de retard, elle se précipite alors avec son fouet, jusqu'à ce que le retardataire sanglote de douleur, sans tenir compte du fait qu'il a travaillé tard dans la nuit !

Fouet, tatouage et autres sévices

Par malheur, les filles sont présentes lors d'une dispute entre le maître et sa femme. Pour se défouler, il leur ordonne de descendre dans la cour. Deux soldats les jettent alors par terre et les fouettent sans ménagement. Bakhita se souvient que le fouet, frappant à plusieurs reprises sa cuisse, lui a arraché la peau et la chair ; après quoi, elle reste clouée sur son grabat pendant longtemps.

Interrogée pour savoir si l'on a abusé d'elle au cours de son esclavage, Bakhita répond : « J'ai été dans la boue, mais je n'ai jamais été souillée. La

Sainte Vierge m'a protégée même lorsque je ne la connaissais pas. »

Ida Zanolini confirme ce point : « À ma demande expresse, mère Bakhita me répondit qu'aucun des propriétaires et aucun des esclaves ne l'avait jamais touchée. »

Bakhita va aussi être tatouée : « Notre maîtresse tint à faire ce cadeau à celles qui n'avaient pas encore été tatouées. »

Comment cela s'est-il passé ? Elle l'a raconté elle-même dans un récit poignant qui constitue en même temps un témoignage sur les méthodes des esclavagistes : « J'avais, à chaque instant, l'impression de mourir, surtout quand elle frotta les plaies avec le sel. [...] Je peux vraiment dire que, si je ne suis pas morte, c'est un miracle du Seigneur qui me destinait à des "choses meilleures". »

Après avoir reçu l'ordre

de m'épargner le visage, la femme commença

à me faire six entailles sur la poitrine,

soixante sur le ventre et quarante-huit

sur le bras droit. Il m'est impossible

de décrire ce que je ressentais.

J'avais, à chaque instant,

l'impression de mourir,

surtout quand elle frotta les plaies avec le sel.

Trempée dans une mare de sang,

je fus emportée sur la natte

et pendant plusieurs heures

je n'eus plus conscience de rien.

Vers la lumière

Un consul italien

Après des mois d'absence, le général turc revient au Kordofan. Il doit rentrer en Turquie. Comme il a beaucoup d'esclaves, il en garde dix, parmi lesquels se trouve Bakhita, et il vend tous les autres sur place.

Arrivé à Khartoum en 1882, le général fait savoir qu'il a des esclaves à vendre.

C'est l'événement qui va ouvrir une nouvelle page de la vie de Bakhita.

Callisto Legnani, agent consulaire italien à Khartoum, se présente pour répondre à l'offre. Il voit Bakhita, la dévisage de la tête aux pieds, et décide de l'acheter. Tout va alors changer pour elle.

Durant deux ans, elle aide la femme de chambre, en vivant une vie quasi normale. Elle n'a plus à subir des reproches incessants et peut prendre soin d'elle comme les autres jeunes filles.

À la fin du mois de décembre 1884, comme les mahdistes menacent Khartoum, le consul décide de rentrer en Italie avec son ami Augusto Michieli, qui aura plus tard un rôle important dans la vie de Bakhita.

Quand elle entend parler de l'Italie, elle éprouve le désir de suivre son maître et parvient à le persuader de l'emmener.

Inutile de décrire la joie qu'elle éprouve lorsqu'il lui annonce qu'elle fera partie du voyage. Elle porte plus que jamais son nom de Bakhita, « la chanceuse ».

En route pour l'Italie

Partis de Khartoum, ils arrivent au port de Suakin, sur la Mer Rouge. Bakhita découvre les grands vapeurs et les voiliers. Ils restent là un mois, puis partent pour l'Europe.

Sur le pont du bateau, Bakhita regarde le rivage africain qui s'éloigne ; elle éprouve à la fois un indicible bonheur, mais aussi une certaine nostalgie, car elle aime sa terre natale.

Après un long voyage en mer, ils arrivent à Gênes, au nord de l'Italie.

Augusto et Maria Michieli

Augusto Michieli retrouve son épouse Maria Turina sur le quai. Cette dernière est bien vite conquise par la personnalité de Bakhita. Devant tant d'enthousiasme, le consul Legnani lui « fait cadeau » de la jeune fille. Celle-ci s'était déjà attachée à lui, mais elle doit s'adapter aux circonstances. Il prend la route de Padoue, et Bakhita ne le reverra plus.

Elle suit alors sa famille d'accueil à Zianigo (hameau de Mirano, près de Venise), puis elle devient une sorte de gouvernante. En effet, le 3 février 1886, Maria Turina a mis au monde une petite fille prénommée Alice et surnommée Mimmina. Elle est confiée à Bakhita qui va enfin vivre une période heureuse où les jeux et les rires de l'enfant estompent les horreurs du passé.

Une adaptation progressive

Bakhita est devenue une belle jeune fille. Ses yeux étincelants sont un peu teintés de mélancolie,

Le nouveau maître était assez bon,
et il se prit d'affection pour moi.
Je n'eus plus de réprimandes, de coups,
de châtiments, de sorte que,
devant tout cela,
j'hésitais encore à croire
à tant de paix et de tranquillité.

car elle a souffert, mais son visage est éclairé par un sourire plein d'attention et de bonté.

Elle doit d'abord se familiariser avec la langue italienne et accepter qu'on la regarde parfois avec une certaine curiosité.

La villa des Michieli est cossue. Bakhita dispose d'une chambre spacieuse dont le décor est simple, mais luxueux à ses yeux. Quel contraste pour elle qui dormait à même le sol !

La « nounou en or » promène Alice, observe ses jeux, lui apprend pas mal de choses, car elle a un sens pratique très développé.

Bref aller-retour au Soudan

En juin 1886, Augusto Michieli retourne à Suakin, et en septembre, son épouse le rejoint, avec Alice et Bakhita. Ce séjour dure neuf mois, mais ils ne quittent pas la région côtière.

Cette fois, elle doit partager son temps entre la surveillance d'Alice et le service au bar de l'hôtel qu'a acheté Augusto Michieli. Docile, elle s'habitue à la vie nouvelle, mais elle n'est pas à l'aise au bar ; elle dira malgré tout plus tard : « Personne n'a jamais osé me manquer de respect. »

Dès 1887, Mme Michieli quitte à nouveau Suakin pour Zianigo, avec Mimmina et Bakhita, car elle doit vendre des biens immobiliers italiens en vue d'une installation définitive au Soudan.

Bakhita pressent qu'elle ne retournera plus jamais en Afrique.

La rencontre avec le Christ

Un certain Illuminato Checchini

Ce sont sans doute des enfants qui ont avisé Illuminato Checchini de l'arrivée de *La Moretta* (c'est ainsi qu'on appelle parfois Bakhita à Zianigo). Cet homme droit et au grand cœur, n'est autre que le gérant de Mme Michieli.

Illuminato veut traiter Bakhita comme une personne de sa famille. Bientôt, il lui donne un crucifix, en lui disant que celui qui est sur la croix est Jésus-Christ, le Fils de Dieu, qui est mort pour nous. Bakhita garde alors précieusement ce crucifix, car le geste plein d'amour et de conviction d'Illuminato a produit plus de fruits que de longs discours.

Maria Turina Michieli doit bientôt repartir pour Suakin et veut confier sa fille et Bakhita à une institution de qualité. Elle pense à la Congrégation de la

Charité de Venise, qui pourrait recevoir Bakhita, en tant que catéchumène.

Illuminato intervient alors pour négocier l'entrée des deux filles à l'Institut des catéchumènes et donne toute garantie sur le plan financier.

Voulez-vous connaître Dieu ?

Mme Michieli accompagne Bakhita à l'Institut et, se retournant sur le seuil de la porte, lui dit : « Voilà, ici, ce sera ta maison. »

Comme le dira plus tard Bakhita, non sans humour : « Si elle avait pu imaginer ce qui arriverait plus tard, elle ne m'y aurait sûrement pas conduite. »

Les filles sont confiées à Marietta Fabretti, une sœur zélée et compétente. Bakhita dira plus tard, au sujet de cette religieuse : « Je ne peux pas me la rappeler sans pleurer. Sa tendresse, le soin qu'elle prit de moi et l'affection dont elle m'entoura m'émeuvent encore aujourd'hui. »

Bakhita peut désormais parcourir « la grand'route sans se fourvoyer ni à droite ni à gauche ».

À l'ombre de la Madone

La chapelle de l'Institut abrite une statue de Notre-Dame de la Salette, évoquant les apparitions de la Vierge Marie à Mélanie Calvat et Maximin Giraud, en 1846. C'est en priant au pied de cette statue, que Bakhita est « devenue une fille de Notre-Dame ».

La fenêtre de sa chambre donne sur le grand dôme blanc de la basilique *Santa Maria del salute*. De la sorte, Marie remplaçait un peu sa mère, selon ses propres mots : « Je dormais dans l'ombre de la Madonna. »

Au début de son catéchuménat, Bakhita se demande comment le Dieu tout-puissant peut tant l'aimer, au point de l'appeler sa fille, mais elle retrouve bien vite la paix et la joie, et se tient dans l'action de grâce : « Si je restais à genoux toute ma vie, je ne dirais jamais toute ma gratitude au bon Dieu. »

Les sœurs firent mon instruction

avec beaucoup de patience et me firent connaître ce Dieu

que tout enfant je sentais dans mon cœur,

sans savoir qui il était.

Voyant le soleil, la lune et les étoiles,

je me disais en moi-même :

qui donc est le maître de ces belles choses ?

Et j'éprouvais une grande envie de le voir,

de le connaître et de lui rendre mes hommages.

Deux grands modèles

Madeleine de Canossa

La vie de la fondatrice des Canossiennes ou Filles de la Charité de Vérone, Madeleine de Canossa, a sûrement été racontée à Bakhita par les sœurs.

Née le 1er mars 1774, et bien que noble, Madeleine a aussi subi de mauvais traitements étant jeune ; elle n'a certes pas eu affaire à des esclavagistes, mais à une gouvernante fort désagréable…

Madeleine veut se rendre à Venise pour visiter les hôpitaux et aider les plus défavorisés. Comme ses proches ne la comprennent pas, elle leur répond : « Le fait d'être née marquise m'empêcherait-il d'avoir l'honneur de servir Jésus-Christ dans ses pauvres ? »

Plus tard, avec quelques compagnes, elle va vivre dans les faubourgs misérables de Vérone, et le 8 mai 1808, elle fonde la congrégation des Filles de la

Charité dont les activités correspondent parfaitement aux aspirations de Bakhita ; mais cette dernière sait qu'elle doit d'abord être baptisée...

Daniel Comboni

Une autre personne suscite son admiration : Daniel Comboni, l'auteur du *Plan pour la régénération de l'Afrique*, visant à « sauver l'Afrique par l'Afrique ».

Le 26 juillet 1868, il consacre l'Afrique à la Sainte Vierge, à La Salette, lieu de l'apparition pour laquelle, comme nous l'avons vu, Bakhita a une grande dévotion.

Après avoir créé des instituts missionnaires, il meurt à Khartoum le 10 octobre 1881, quelques mois avant que Bakhita ne séjourne dans cette ville, en tant qu'esclave.

Daniel Comboni a été canonisé le 5 octobre 2003 par Jean-Paul II. On estime qu'il a « réimplanté l'Église catholique au Soudan dans les temps modernes ».

Les années cruciales

La décision de sa vie

Une fois revenue de Suakin, le 29 novembre 1889, Maria Turina veut récupérer sa fille et Bakhita, car elle doit repartir bientôt pour l'Afrique ; mais Bakhita, qui a alors juste vingt ans, refuse de la suivre.

Mme Michieli lui présente pourtant les choses d'une manière positive : retrouver son pays d'origine, rester avec ses bienfaiteurs, s'occuper de Mimmina, et même toucher un pourcentage des gains commerciaux… Mais dans le parloir règne un silence gêné, et Bakhita, animée d'une assurance peu coutumière, déclare : « Pardon, Madame, mais je ne sors pas d'ici. »

Mme Michieli est vraiment déroutée ; elle se place alors sur le terrain juridique et dit à Bakhita qu'elle

Je ne suis jamais seule,
j'ai ici Jésus, la Vierge Marie,
saint Joseph, l'ange gardien,
et je leur parle.
Qu'on ne s'inquiète pas pour moi.

Les autres ont plus besoin de moi ;
ici, je suis comme une reine,
tout le monde m'aime,
je ne manque de rien ;
en Afrique, ils n'ont qu'une natte dure
pour matelas.

lui appartient légalement. Bakhita ne le nie pas mais, pour elle, partir en Afrique, c'est ne plus pouvoir « aimer le Seigneur ». Au milieu des non-chrétiens, sa foi serait mise en danger.

Bakhita doit assumer en plus les pleurs de Mimmina qui ne veut pas la quitter. Pire encore, la Supérieure l'invite à obéir ! Comme Mme Michieli propose un délai de réflexion, Bakhita coupe court : « Non, Madame, non, je ne veux pas laisser cette maison, ce serait ma chute. »

Tous sont perplexes ; comment une jeune fille aussi réservée et docile peut-elle contredire sa bienfaitrice, uniquement pour ne pas quitter l'Institut ?

Devant la fermeté de Bakhita, les sœurs tentent alors de convaincre Mme Michieli de lui donner sa liberté, mais elle revient dès le lendemain et se place désormais sur le terrain des scrupules : « Pourquoi voulez-vous faire du mal à ma Mimmina ? [...] Voulez-vous faire mourir cette pauvre enfant qui vous aime tant ? »

Mme Michieli a certes de bonnes raisons : Bakhita paraît indispensable pour Alice et est précieuse pour tenir le bar.

Jusqu'au procureur du roi

Le troisième jour, Mme Michieli revient encore à l'Institut avec diverses personnes. Le patriarche Domenico Agostini, présent, fait valoir que Dieu a donné à chacun une volonté libre et se prononce en faveur de Bakhita.

Mais il faudra encore faire appel au procureur du roi pour résoudre définitivement le conflit…

Nous sommes le 29 novembre 1889, Bakhita peut continuer son catéchuménat. Ce jour béni marque son affranchissement complet.

Alice et sa maman quittent alors Venise pour l'Afrique. Bakhita, qui portera toujours Mimmina dans son cœur et ses prières, entre alors dans une phase d'approfondissement.

Vers la fin de 1889, son instruction religieuse est achevée et sa maturité reconnue de tous.

Le grand jour de son baptême

Le 9 janvier 1890, Bakhita reçoit le baptême « avec une joie que seuls les anges pourraient décrire ». C'est l'archevêque de Venise, Domenico Agostini, qui verse l'eau baptismale en disant : « Joséphine

(Giuseppina, en fait, Gioseffa), Margherita, Fortunata, Bakhita, Maria, je vous baptise au nom du Père, et du Fils et du Saint-Esprit. »

L'eau coule sur sa tête, se mêlant aux larmes de joie qu'elle ne peut contenir.

Joséphine est alors revêtue du vêtement blanc, signe de son illumination, puis on lui remet le cierge allumé, comme la lampe des vierges sages accueillant l'époux.

Ce même jour, elle est également confirmée et communie au Corps et au Sang du Christ. Elle fait aussi sa consécration à Notre-Dame, et reçoit la médaille et le ruban bleu des Filles de Marie.

Joséphine suivra ensuite les catéchèses mystagogiques, pour approfondir les mystères chrétiens.

Le jour de son baptême,

elle baise les fonts baptismaux.

« Ici, je suis devenue une vraie fille de Dieu. »

L'appel à la vie consacrée

Joséphine veut être religieuse

Durant sa période de catéchuménat, Joséphine se sent appelée à devenir religieuse. Elle en parle à son confesseur, puis à sœur Luigia Bottesella, qui va écrire ensuite à la Supérieure, Anna Previtali.

Le 7 décembre 1893, elle entre au noviciat, dans la Maison des catéchumènes de Venise, dirigée par Marietta Fabretti. Elle a alors 24 ans.

Le noviciat de Joséphine se déroule sans difficulté, car elle est vraiment détachée : pas de biens matériels, pas d'amoureux, pas de famille.

Elle a une quand même quelque inquiétude : « Est-ce que j'aurai la permission ? Je suis africaine, peut-être ne voudront-ils pas de moi ? » Mais la mère Previtali lui répond sans hésitation : « Ni la couleur de la peau, ni la position sociale, ne sont des obstacles ; ce qui compte, c'est l'amour. »

Prise d'habit et premiers vœux

Pour mûrir son projet et l'officialiser, son interlocuteur est le cardinal Giuseppe Sarto (le futur Pie X).

Lors de la rencontre avec le cardinal, Joséphine s'exprime avec une simplicité enfantine. Toutefois, le cardinal perçoit d'emblée la candeur et la profondeur de son âme. Il la bénit et la rassure pleinement.

Elle sort de l'entrevue profondément heureuse et disposée à se préparer pour sa consécration totale.

Le 21 juin 1895, le jour de la fête du Sacré-Cœur, elle prend l'habit, puis le 8 décembre 1896, de retour à Vérone, elle prononce ses premiers vœux dans les mains de mère Anna Previtali.

Lorsqu'on demande à Joséphine la raison de son choix, elle fait cette réponse qui témoigne du doigt de Dieu sur sa destinée : « À vrai dire, je ne le sais pas : c'est lui qui a tout fait. »

Le jour même de sa profession, elle écrit une prière qui est aussi un cri du cœur : « Ô Seigneur, si je pouvais voler là-bas, auprès de mes proches et prêcher à tous, à grands cris, ta bonté ! […] Fais, ô Jésus, qu'eux aussi te connaissent et t'aiment ! »

Un demi-siècle de vie religieuse va alors s'écouler pour Joséphine, durant lequel elle s'avance à pas tranquilles vers la sainteté.

Ô Seigneur, si je pouvais voler là-bas,

auprès de mes proches et prêcher à tous,

à grands cris, ta bonté !

Oh, combien d'âmes seraient attirées vers toi !

Tout d'abord ma mère et mon père,

mes frères, ma sœur encore esclave...

tous, tous les pauvres Noirs de l'Afrique ;

fais, ô Jésus, qu'eux aussi te connaissent et t'aiment !

Le temps du témoignage

Humbles tâches à Schio

En 1902, Joséphine quitte Venise pour la maison des Filles de la Charité de Schio.

Lorsqu'elle est désignée pour tenir la fonction d'aide-cuisinière, elle accomplit sa tâche avec joie et humilité. Elle sait bien qu'une simple cuisine de communauté est un vrai champ d'apostolat. Comme son travail donne pleine satisfaction, elle est nommée cuisinière principale en 1907.

En 1917, la maison de Schio est utilisée comme hôpital militaire. Joséphine s'y dévoue comme aide infirmière, et assiste les blessés avec une grande bonté.

En 1922, elle contracte une grave pneumonie, mais s'en remet, tout en gardant des séquelles. Une nouvelle fonction lui est alors attribuée : la conciergerie.

Je passais de la cuisine à la sacristie,

de la porterie à l'atelier,

aidant comme je pouvais.

J'aimais travailler à la cuisine

et préparer de petites attentions pour mes sœurs,

comme réchauffer les plats

pour qu'elles aient toujours un repas chaud.

Je prenais grand soin

du régime des enfants malades.

J'essayais d'aller

au-devant du désir de chacun.

Inutile de préciser que les jeunes filles de l'école tenue par les religieuses sont ravies de la voir en arrivant. Au début, des scènes pittoresques peuvent néanmoins se produire : des fillettes font une corrélation entre Bakhita et des personnages de contes de fées ; certaines, effrayées, se blottissent contre leurs mères, mais Joséphine sait les apprivoiser en leur racontant des histoires.

Vœux perpétuels. Regards sur le passé

Le 1er août 1927, Joséphine prononce ses vœux perpétuels et, en septembre 1929, elle livre des fragments de ses souvenirs d'enfance à la mère Mariannina Turco. L'année suivante, Ida Zanolini s'entretient avec elle à Sant'Alvise, à la demande de la Supérieure générale Maria Cipolla.

Ida Zanolini écrit alors, à partir de ces entretiens, un livre faisant référence, sous le nom d'*Histoire merveilleuse*. Il est publié le 31 janvier 1931.

Bien des gens veulent voir la sœur soudanaise. Tant d'admiration ne lui procure aucune vanité. Au fond d'elle-même, elle rend gloire à Dieu de pouvoir leur faire du bien.

Une vocation missionnaire

À partir de 1933, la Supérieure envisage de sensibiliser les Italiens aux missions lointaines, en désignant dans ce but Leopolda Benetti qui a passé trente-six ans en Chine.

Lorsqu'on demande à Joséphine si elle accepterait de l'accompagner, elle baisse la tête en signe d'obéissance et répond : « Comme veut le *Paron.* »

Commence alors pour elle une vie de fréquents déplacements. Ces missions internes vont durer plus de deux ans. De 1936 à 1938, Joséphine est basée dans la Maison du noviciat pour les missions canossiennes, à Vimercate (à 25 km de Milan), où elle est aussi portière.

Comment se passent les séances de sensibilisation ?

Leopolda Benetti annonce les thèmes : « les missions canossiennes » et « un témoignage vivant de la foi » qui n'est autre que Joséphine…

Un peu timide, celle-ci tient presque toujours le même discours, axé sur la bonté du Seigneur et la nécessité de prier pour ceux qui ne le connaissent pas.

Il lui arrive d'être critiquée, pour avoir trop peu parlé. Joséphine s'excuse alors avec humilité et remercie joyeusement mais, plus tard, elle confiera que ce fut une grosse épreuve pour elle de parler en public.

En 1939, elle retourne à Schio, alors que sa santé s'est bien dégradée. Elle a maintenant 70 ans et n'a plus de fonction précise, mais elle rend de petits services.

Parlant de mon activité de propagande missionnaire,

beaucoup ont pensé que ces tournées m'amusaient.

Au lieu de cela, c'était un martyre pour moi.

Où j'allais, ils m'aimaient tous.

Mais je craignais pour mon âme,

parce que j'étais toujours comme une vedette

au milieu de nombreuses personnes.

[...] Je me sentais trop aimée, trop choyée.

Je me sentais en danger.

Si quelqu'un croyait voir une femme sainte en moi,

il aurait été amusé ; moi, pauvre femme,

qui ne savait même pas parler,

que pouvais-je faire ?

La dernière étape

À nouveau la guerre

À partir de 1943, la ville de Schio est sur le couloir aérien des bombardiers. À chaque alerte, c'est la course vers les abris ; mais Joséphine ne bouge pas et dit : « Non, je n'ai pas peur, je suis dans les mains de Dieu. Il m'a sauvée des bêtes féroces, ne me sauverait-il pas aussi des brouettes[1] ? »

Les gens de Schio sont rassurés par sa présence : « Nous avons avec nous *Madre Moretta* : c'est une sainte, elle nous sauvera des dangers. » De fait, aucune bombe ne tombera sur la communauté ni même à proximité.

Joséphine incite les militaires à garder leur âme du péché et elle insiste sur la confession pour obtenir le pardon de Dieu.

1. C'est ainsi qu'elle nomme les bombardiers.

Jubilé et dernières épreuves

Pour ses cinquante ans de vie religieuse, le 8 décembre 1943, tout Schio est en fête. Joséphine, humble et modeste, remercie pour tout, un peu confuse d'être la cause de tant de remue-ménage.

Quelque temps après son jubilé, sa santé décline vite. Elle a désormais besoin d'un fauteuil roulant. En 1945, elle souffre, entre autres, d'une bronchite asthmatique et d'arthrite.

À qui lui rend visite et prend de ses nouvelles, elle répond, souriante, cette petite phrase qui pourrait bien être la devise de toute sa vie : « Comme le veut le *Paron,* c'est lui qui commande ; il est le Maître. »

La volonté de Dieu, quelle qu'elle soit, est sa seule aspiration. Pour elle, la clef du Paradis est l'amour et la confiance dans la miséricorde du Seigneur.

Je suis sur le Thabor, pas sur le Calvaire

Joséphine a compris aussi l'importance des souffrances offertes, ce qui lui fait dire ces paroles sublimes : « Je suis sur le Thabor, pas sur le Calvaire. »

Autrement dit, elle pressent que ses souffrances auront une fin et qu'elle sera ensuite glorifiée avec Jésus-Christ.

Lorsqu'il arrive qu'on l'oublie sur son fauteuil roulant à l'église, elle considère que c'est une faveur, pour lui permettre de dialoguer avec Jésus tout entier présent dans le Saint Sacrement.

Dans ses dernières semaines de vie, elle ne se plaint pas, et quand on lui demande pourquoi elle n'appelle pas l'infirmière, ses réponses montrent une délicatesse peu commune : « Les autres ont plus besoin de moi ; ici, je suis comme une reine, tout le monde m'aime, je ne manque de rien ; en Afrique, ils n'ont qu'une natte dure pour matelas. »

Elle égrène si souvent son chapelet qu'une sœur lui demande : « Combien avez-vous récité de chapelets aujourd'hui ? Je ne sais pas, répond Joséphine, le Maître les compte, et la Sainte Vierge l'aide à les compter, parce que le chapelet appartient à Notre-Dame. »

Le départ de Joséphine

Dans les derniers jours, elle semble avoir ressenti une certaine appréhension de se trouver en face de

Quand je souffre, je rends grâce à Dieu

pour tant de bienfaits reçus,

je me sens heureuse de pouvoir offrir

quelque chose en signe de gratitude.

Lorsqu'une personne aime beaucoup une autre,

elle désire ardemment l'approcher,

donc, pourquoi craindre tellement la mort ?

La mort nous conduit à Dieu.

la majesté divine. Elle pose alors à la supérieure une question étonnante mais perspicace : « Quand je me présenterai devant le Souverain Juge, comment devrais-je saluer ? Je dirai : "Loué soit Jésus-Christ !", mais il y aura aussi le Père et le Saint-Esprit, que dire alors ? » La supérieure sourit et répond : « Dites le *Gloria*, ce sera mieux. » C'est un soulagement pour Joséphine, car le *Gloria* est une hymne à la Sainte Trinité.

Comme elle médite sur la miséricorde et la justice divine, elle imagine une petite scène qui révèle sa sagacité et l'orthodoxie de sa foi : « Je m'en vais tout doucement vers l'éternité. Jésus est mon capitaine et moi, je suis son ordonnance. Je m'en vais avec deux valises. L'une contient mes péchés, l'autre, bien plus lourde, les mérites infinis de Jésus-Christ. Que ferai-je devant le tribunal de Dieu ? Je couvrirai ma vilaine valise avec les mérites de la Vierge Marie, puis j'ouvrirai l'autre, je présenterai les mérites de Jésus et je dirai au Père éternel : "Maintenant, jugez selon ce que vous voyez." Je suis bien certaine de n'être pas renvoyée ! »

En décembre 1946, on l'entend dire : « Desserrez les chaînes, elles sont si lourdes ! »

Dans l'après-midi du 8 février 1947, Joséphine Bakhita va passer sur l'autre rive. Clotilde Sella est présente et témoigne : « Quand je lui rappelle que nous étions samedi, jour dédié à la sainte Vierge, mère Joséphine s'exclame avec joie : "Comme je suis heureuse… ! Madonna !… Madonna !…" »

Ce sont ses dernières paroles intelligibles.

Après sa mort

Elle avait dit que, quand elle serait morte, « elle ne ferait peur à personne ». En effet, après sa mort, même les enfants s'approchent de son corps sans crainte, car elle semble sourire à tous.

Et pourtant, son corps a beaucoup souffert : de la maladie bien sûr, mais aussi des maltraitances de sa période d'esclavage. Dans le procès de béatification, Anna Dalla Costa témoigne : « Après la mort, quand nous l'avons habillée, il était pitoyable de voir tant de cicatrices aussi apparentes. »

Le mardi 11 février 1947, le corps de Joséphine est conduit au cimetière de Schio.

La glorification

De très belles vertus

Ce qui a touché le plus ceux qui ont connu Joséphine, c'est son humilité et sa simplicité. À cette humilité s'ajoute la pauvreté matérielle et spirituelle qui l'a menée à un abandon plein d'espérance.

Cependant, il est indéniable que sa vertu majeure est un inaltérable sens du pardon.

Le récit de sa période d'esclavage n'est teinté d'aucun ressentiment à l'égard de ceux qu'il faut bien appeler ses bourreaux. Sa prière pour eux n'a qu'un but : obtenir leur conversion et leur salut.

Les étapes vers la canonisation

En 1969, son corps est transféré à la chapelle de l'Institut des filles de la charité, à Schio.

Le 1er décembre 1978, le pape Jean-Paul II signe le décret d'héroïcité de ses vertus, puis la déclare bienheureuse le 17 mai 1992.

Le 10 février 1993, il se rend à Khartoum et, entouré des évêques du Soudan et d'une foule évaluée à un million de personnes, il s'exclame : « Bienvenue chez toi, Bakhita ! » Cela permet d'attirer l'attention du monde sur le Soudan qui ne cesse de connaître des malheurs.

Jean-Paul II a encore la joie, en 1995, de la déclarer Patronne du Soudan, et surtout de la canoniser, à Rome, le 1er octobre de l'an 2000, après la reconnaissance de deux miracles obtenus par son intercession : une religieuse canossienne, Angela Sila, et une mère de famille, Eva da Costa.

Bakhita obtient encore de nombreuses grâces et guérisons, car elle a fait cette promesse : « Si le Seigneur me le permet, j'enverrai du paradis toutes les grâces que je pourrai, pour le salut des âmes. »

Vers l'avenir

Bakhita tend à devenir la patronne de tous les opprimés, car l'esclavage n'est pas un mal spécifique à l'Afrique et il prend des formes diverses : travail forcé, exploitation sexuelle, esclavage domestique…

Sa famille religieuse a pris un bel essor. On compte en effet dans le monde plus de 3 000 canossiennes réparties dans plus de 350 maisons. De son côté, la famille spirituelle de Daniel Comboni a essaimé dans environ trente pays.

Une petite anecdote pour finir, traduisant bien la personnalité de Bakhita.

Une dame sait que Joséphine est en Italie depuis presque un demi-siècle et lui dit : « En cinquante ans, les paumes de vos mains sont devenues blanches ! » Joséphine montre alors le dessus de ses mains : « Dans cinquante ans, elles seront blanches là aussi. »

Joséphine est de bonne humeur, toujours humble et aimable, personne ne semble l'importuner, bien qu'elle soit aussi une contemplative qui a besoin de silence pour écouter le Maître de son cœur.

Le Seigneur a toujours été bon pour moi

tout au long de ma vie.

Toute ma vie a été un don de Dieu.

Si je rencontrais ces négriers qui m'ont enlevée,

et même ceux qui m'ont torturée,

je m'agenouillerais pour leur baiser les mains.

Car, si cela n'était pas arrivé,

je ne serais ni chrétienne, ni religieuse.

Table des matières